31 mars 1890

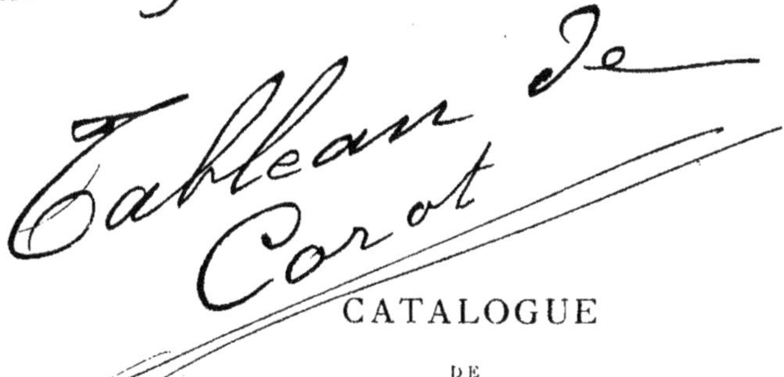

CATALOGUE

DE

TABLEAUX MODERNES

ET

AQUARELLES

PAR

J. L. Brown, B. Constant, Corot, Daubigny, Decamps
Delort, Detaille, Diaz, Dumaresq, Isabey, M. Leloir, De Mesgrigny
Perrault, Roybet, Schenck, Troyon, Vollon
Ed. Yon, Ziem, etc.

Composant la Collection de M. M***

ET DONT LA VENTE AURA LIEU, POUR CAUSE DE DÉPART

HOTEL DROUOT, SALLE N° 8

Le Lundi 31 Mars 1890

A 2 HEURES 1/2

Me PAUL CHEVALLIER	M. M. MALLET
COMMISSAIRE-PRISEUR	EXPERT
10, rue de la Grange-Batelière, 10	13, rue du Helder, 13

EXPOSITIONS

PARTICULIÈRE : *Le Samedi 29 Mars 1890, de 1 h. à 5 h. 1/2*

PUBLIQUE : *Le Dimanche 30 Mars 1890, de 1 h. à 5 h. 1/2*

CONDITIONS DE LA VENTE

La vente sera faite *expressément* au comptant.

Les acquéreurs payeront en sus des adjudications *cinq pour cent*, applicables aux frais de la vente.

Paris. — Imp. de l'Art, E. Ménard et Cie, 41, rue de la Victoire.

DÉSIGNATION

DE BEAUMONT

1 — *Colin-Maillard.*

Aquarelle.

BOGGS

2 — *La Place de l'Église, à Isigny.*

Toile. Haut., 45 cent.; larg., 65 cent.

BONNINGTON

3 — *Une Exécution au Moyen-Age, en Angleterre.*

Aquarelle. 

BOUDIN

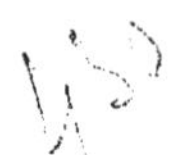

4 — *La Baie de Douarnenez.*

Toile. Haut., 53 cent.; larg., 88 cent.

BOURGOING

5 — *Bords de rivière.*

Aquarelle.

BOURGOING

6 — *Bords de rivière.*

Aquarelle.

BRETON

(JULES)

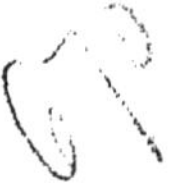

7 — *Paysanne; étude.*

Toile. Haut., 48 cent.; larg., 22 cent.

BROWN

(J. L.)

8 — *Halte au bord de la mer.*

Un carrosse, richement attelé de deux chevaux, attend sur la grève l'arrivée des voyageurs. Un piqueur à cheval, accompagné de ses chiens, tient par la bride un superbe alezan et observe la campagne en ayant l'air d'attendre le signal du départ.

Bois. Haut., 45 cent.; larg., 55 cent.

BRUCK-LAJOS

9 — *Le Maraudeur.*

Les jambes et les bras nus, un jeune maraudeur s'est lancé dans le ruisseau à la poursuite d'un troupeau d'oies. Il vient d'en saisir une et lui tord le cou en jetant un regard effrayé sur la rive, comme s'il allait être surpris.

Toile. Haut., 1 m. 33 cent.; larg., 92 cent.

BRUCK-LAJOS

10 — *Chez le garde-champêtre.*

Une paysanne, tenant d'une main un canard étranglé qu'elle montre à tous les assistants, traîne avec elle le jeune coupable qu'elle amène devant l'autorité.
Composition d'une dizaine de figures.

Bois. Haut., 80 cent.; larg., 1 mètre.

CONSTANT

(B.)

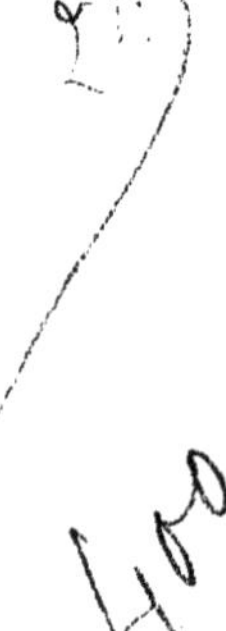

11 — *Une Exécution au sérail.*

Bois. Haut., 45 cent.; larg., 29 cent.

CORNILLIET

12 — *Le Foyer des artistes, à la Comédie-Française.*

Aquarelle.
Daté 1881.

COROT

13 — *La Charrue.*

Au centre du tableau, un cavalier près d'un paysan conduisant une charrue attelée de deux chevaux; à droite, un bouquet d'arbres avec quelques saules; au fond, un village et un petit pont traversant un cours d'eau.

Ciel du matin dans les gris argentins.

Toile. Haut., 33 cent.; larg., 55 cent.

COROT

14 — *Lisière de bois.*

Au premier plan, une prairie marécageuse avec deux vaches et une bergère appuyée contre un arbre. Au centre, une échappée entre deux massifs d'arbres, laissant voir le ciel.

Bois. Haut., 30 cent.; larg., 23 cent.

COSTE

15 — *Déchargement d'un vapeur.*

Toile. Haut., 35 cent.; larg., 52 cent.

COURBET

16 — *Paysage de Franche-Comté.*

Toile. Haut., 45 cent.; larg., 55 cent.

COUTURIER

17 — *Poules et Canards.*

Bois. Haut., 31 cent.; larg., 39 cent.

DE CUVILLON

18 — *Gentilhomme à la canne.*

Aquarelle.

DE CUVILLON

19 — *Gentilhomme à l'épée.*

Aquarelle.

DAUBIGNY

20 — *La Péniche.*

A gauche, la rivière avec une péniche remorquée par deux chevaux de halage; à droite, au premier plan, un talus avec des champs cultivés, et, plus loin, au milieu des arbres, les chaumières d'un village.

Bois. Haut., 20 cent.; larg., 34 cent.

DAUBIGNY

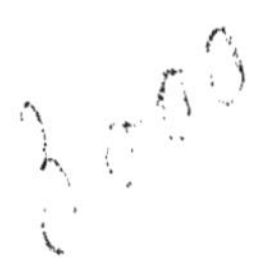

21 — *Le Pêcheur.*

La rivière, dont les eaux sont basses, traverse tout le paysage; au centre, un pêcheur est assis dans son bateau amarré au milieu des roseaux qui bordent la rive. A gauche, un talus avec des saules et des massifs d'arbres.

Au fond, on aperçoit un village sur le coteau et, sur la droite, un monticule couvert de verdure.

Bois. Haut., 26 cent.; larg., 46 cent.

*

DAUBIGNY

22 — *Les Foins.*

A gauche, un groupe d'arbres; au centre, une meule de foins noyée dans l'ombre ainsi que le premier plan; plus loin, la prairie éclairée par un rayon de soleil.

Bois. Haut., 24 cent.; larg., 40 cent.

DECAMPS

23 — *Un Sacrifice à Pan.*

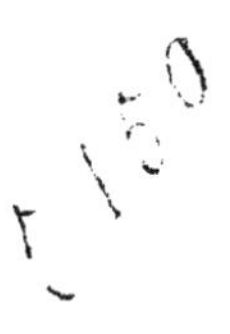

Une rivière, au cours sinueux, traverse un paysage idyllique éclairé par les derniers rayons du soleil couchant. Des nymphes sont réunies sur la lisière du bois sacré et couronnent de fleurs la statue du dieu Pan. Au premier plan, un personnage vêtu de rouge se penche au-dessus de la rivière pour puiser de l'eau.

Les figures, dans ce tableau, ont été peintes par Meissonier.

Bois. Haut., 21 cent.; larg., 28 cent.

DELORT

24 — *Le Rendez-vous galant.*

Un jeune couple est attablé sur la terrasse d'une habitation italienne d'où l'on aperçoit, dans la brume d'une belle journée, la rivière et les bateaux qui longent les quais.

Bois. Haut., 25 cent.; larg., 19 cent.

DELPY

25 — *Bords de rivière; soleil couchant.*

Bois. Haut., 33 cent.; larg., 60 cent.

DESBROSSES

26 — *L'Amour aux champs; effet de lune.*

Toile. Haut., 1 m. 33 cent.; larg., 92 cent.

DETAILLE

(ÉDOUARD)

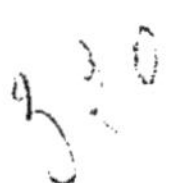

27 — *Cavalier portant son fourniment.*

Dessin à la plume rehaussé d'aquarelle.

DIAZ

28 — *Les Enfants à la cage.*

Cinq petites filles, vêtues de costumes orientaux aux couleurs riches et brillantes, sont groupées dans un massif de verdure.

L'une d'elles, assise à terre, tient près d'elle une cage dans laquelle un oiseau bleu excite l'admiration de ses petites compagnes.

Daté : 1853.

Toile. Haut., 44 cent.; larg., 60 cent.

DIAZ

29 — *Mare dans une clairière.*

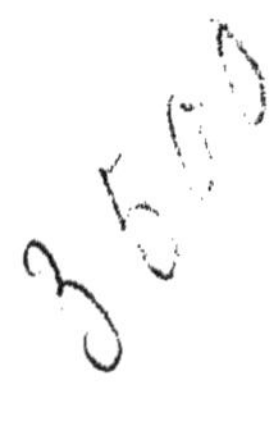

A droite, au bord de la mare, un groupe d'arbres se reflète dans l'eau ; à gauche, un talus boisé; au centre, une femme portant un fardeau se dirige vers une clairière vivement éclairée par le soleil. Au fond, quelques arbres se détachent sur les nuages qui courent dans le ciel bleu.

Bois. Haut., 25 cent.; larg., 36 cent.

DIAZ

30 — *La Petite Fille au chien.*

Vêtue d'une jupe rouge, un petit chien dans les bras, elle suit dans la forêt un sentier tracé au milieu des roches.

Bois. Haut., 45 cent.; larg., 31 cent.

DIAZ

31 — *Smyrniotes.*

Une jeune femme, richement vêtue d'une robe bleue brodée et tenant un tambourin, se promène dans un parc, accompagnée d'une charmante petite fille vêtue d'une jupe rouge.

Au fond, un frottis d'arbres, et, sur la droite, un kiosque oriental.

Bois. Haut., 40 cent.; larg., 31 cent.

DUMARESQ

(ARMAND)

32 — *Exécution du maréchal Ney.*

Le maréchal est debout, tête nue, devant le peloton d'exécution. La main droite sur la poitrine, il prononce ces mots : « Soldats, droit au cœur ! » Le général commandant la place de Paris et l'officier chargé de commander le feu, assistent muets à cette scène, sans pouvoir cacher leur émotion.

Toile. Haut., 76 cent.; larg., 1 m. 27 cent.

D'ENTRAYGUES

33 — *La Becquée.*

Toile. Haut., 36 cent.; larg., 48 cent.

ERNST

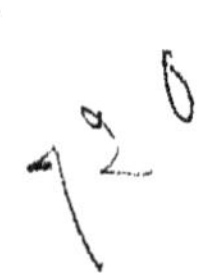

34 — *Le Gardien du harem.*

Bois. Haut., 60 cent.; larg., 50 cent.

ERNST

35 — *Musulman buvant à une fontaine.*

Bois. Haut., 32 cent.; larg., 19 cent.

ERNST

36 — *Musiciens arabes.*

Bois. Haut., 60 cent.; larg., 50 cent.

GAY

(WALTER)

37 — *L'Armurier.*

Bois. Haut., 38 cent.; larg., 27 cent.

GÉLIBERT

38 — *Un Chenil.*

Aquarelle.

GÉLIBERT

39 — *Le Chien de garde.*

Aquarelle.

GLAIZE

(L.)

40 — *Le Repos du modèle.*

Dessin à la plume.

GUDIN

41 — *Marine; effet de lune.*

Carton. Haut., 33 cent.; larg., 50 cent.

GUDIN

42 — *Barques de pêche sur le sable.*

Le Havre, 1858.

Toile. Haut., 34 cent.; larg., 50 cent.

HAWKINS

43 — *L'Aveu.*

Peinture à l'essence.

ISABEY

44 — *Un Orage sur la côte.*

Le vent souffle de la mer et soulève les vagues contre les pilotis qui protègent un petit village de pêcheurs. Un rayon de lumière traverse les nuages sombres qui roulent dans le ciel et éclaire la falaise d'une lueur sinistre.

Toile. Haut., 45 cent.; larg., 64 cent.

ISABEY

45 — *La Vieille Église.*

Au centre du tableau, la silhouette d'une vieille église de campagne se découpe sur un ciel chargé de nuages sombres ; sur la droite, un troupeau de vaches descend la berge pour s'abreuver dans la rivière, où sont amarrés quelques lourds bateaux.

Toile. Haut., 45 cent.; larg., 65 cent.

JACQUET

(JULES)

46 — Épreuve de remarque sur parchemin d'après le tableau de J. F. Millet : *le Printemps.*

JOHANNOT

(TONY)

47 — *Gardeuse d'oies.*

Bois. Haut., 24 cent.; larg., 32 cent.

LAPOSTOLET

48 — *Les Bords de la Seine, à Rouen.*

Toile. Haut., 40 cent.; larg., 62 cent.

LAZERGES

(PAUL)

49 — *Jeune Fille kabyle.*

Bois. Haut., 22 cent.; larg., 16 cent.

LELOIR

(MAURICE)

50 — *Le Tambour.*

Aquarelle.

LE PIC

51 — *Barque de pêcheurs dans la baie de Naples.*

Bois. Haut., 35 cent.; larg., 65 cent.

DE LOOSE

52 — *La Maîtresse d'école.*

Bois. Haut., 32 cent.; larg., 25 cent.

MARCHETTI

53 — *Le Duel.*

Aquarelle.

MARCHETTI

54 — *Attaque nocturne.*

Dessin à l'encre de Chine.

DE MESGRIGNY

55 — *Bords de la Marne.*

Bois. Haut., 12 cent.; larg., 21 cent.

METTLING

56 — *L'Enfant à la collerette.*

Toile. Haut., 64 cent.; larg., 54 cent.

MUNGER

(GILBERT)

57 — *Arc-en-ciel après l'orage.*

Toile. Haut., 75 cent.; larg., 1 m. 15 cent.

PALIZZI

58 — *Jeune Berger appelant ses chèvres.*

Toile. Haut., 45 cent.; larg., 55 cent.

PERRAULT

59 — *La Petite Fille aux oranges.*

Elle est assise au pied d'un arbre, au milieu d'un bois d'orangers; elle est vêtue d'une jupe bleue, les pieds nus, un ruban rose noué dans sa chevelure blonde.

D'un geste gracieux de la main, en souriant, elle semble offrir une des oranges qu'elle tient sur les genoux.

Toile. Haut., 64 cent.; larg., 50 cent.

PIGUET

60 — Épreuve de remarque sur papier du Japon, d'après le tableau de Clairin : *Frou-frou.*

PILLE

(H.)

61 — *Bourgeois flamands.*

Dessin à la plume.

ROSSI

62 — *L'Attente.*

Aquarelle.

ROYBET

63 — *La Partie d'échecs.*

Quatre personnages de l'époque Louis XIII sont réunis autour d'un jeu d'échecs. Une contestation doit avoir lieu, car l'un des joueurs s'est levé et semble consulter le témoin de gauche assis devant la table ; le quatrième personnage est debout au milieu de la pièce et se contente de sourire en fumant sa pipe.

Bois. Haut., 50 cent. ; larg., 60 cent.

SALANSON

64 — *Jeune Pêcheuse au bord de la mer.*

Toile. Haut., 1 m. 15 cent.; larg., 78 cent.

SCHENCK

65 — *Corbeaux attendant la curée.*

Une brebis vient de mourir au sommet d'une montagne couverte de neige. Une bande de corbeaux alignés sur les montants d'une barrière guettent cette proie devant laquelle ils ne sont arrêtés que par les bêlements plaintifs de l'agneau, debout près de sa mère.

Toile. Haut., 54 cent.; larg., 85 cent.

SCHENCK

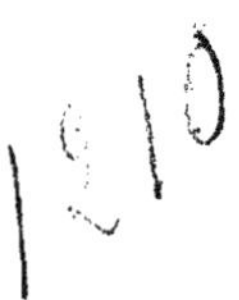

66 — *Pies défendant une proie.*

Elles sont groupées autour d'un lièvre mort étendu sur le sol et s'apprêtent à le dévorer, quand survient un troupeau de moutons, qui tous, bélier, brebis et agneaux, s'approchent curieusement et en bêlant.

Toile. Haut., 54 cent.; larg., 85 cent.

TISSOT

67 — *La Sieste après le bain.*

Aquarelle.

TOFANO

68 — *Jeune Fille en prière.*

Toile. Haut., 56 cent.; larg., 36 cent.

TOFANO

69 — *Jeune Femme.*

Bois. Haut., 27 cent.; larg., 22 cent.

TROYON

70 — *La Gardeuse de dindons.*

Une jeune paysanne, une baguette à la main, conduit aux champs un troupeau de dindons. Groupés devant elle, ils suivent la lisière d'un petit bois au feuillage roussi de l'automne.

Un rayon de soleil traverse le ciel gris et répand sur cette charmante petite composition une impression pleine de vie et d'harmonie.

Signé à gauche C. Troyon.

Bois. Haut., 33 cent.; larg., 25 cent.

VOLLON

71 — *Le Chaudron.*

Plusieurs poissons, une marmite, des moules, de la paille, des radis noirs et des oignons sont déposés autour d'un chaudron dont le rayonnement lumineux du métal occupe le centre de la composition.

Toile. Haut., 96 cent.; larg., 1 m. 17 cent.

WEISSÉ

72 — *Bazar oriental.*

Bois. Haut., 59 cent.; larg., 48 cent.

WEISSÉ

73 — *Marchand arabe.*

Bois. Haut., 44 cent.; larg., 31 cent.

YON
(EDMOND)

74 — *La Seine, aux Andelys.*

Toile. Haut., 40 cent.; larg., 63 cent.

ZIEM

75 — *Bords de rivière; soleil couchant.*

Bois. Haut., 33 cent.; larg., 51 cent.

www.ingramcontent.com/pod-product-compliance
Ingram Content Group UK Ltd.
Pitfield, Milton Keynes, MK11 3LW, UK
UKHW020533180726
13839UKWH00005B/2486

9 782329 501130